Dans quel pays le chat était-il adoré en tant q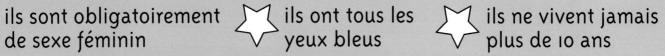

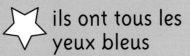 en Grèce ⭐ en Égypte

Que peut-on dire des chats tricolores au pelage blanc, jaune et noir ?

⭐ ils sont obligatoirement de sexe féminin   ⭐ ils ont tous les yeux bleus   ⭐ ils ne vivent jamais plus de 10 ans

Parmi les 3 noms ci-dessous, lequel n'est pas le nom d'une race de chat ?

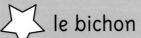 le birman   ⭐ le bichon   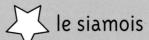 le siamois

?

**Quand le chien a-t-il été domestiqué ?
Il y a environ :**

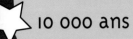 10 000 ans

 1 000 ans

100 ans

**Lequel de ces 3 sens
est le plus développé chez
le chien ?**

la vue

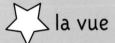 l'odorat

le goût

**Quand le chien dresse ses
oreilles, cela signifie :**

qu'il a faim

qu'il a soif

qu'il porte une attention
particulière à quelque chose

Quel est l'autre nom du cobaye ?

 la souris des tropiques

 le chat du Portugal

la souris des tropiques le cochon d'Inde

D'où le cobaye est-il originaire ?

 d'Amérique du Nord

 d'Amérique du Sud

 d'Afrique

Dans la nature, le hamster :

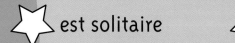 est solitaire

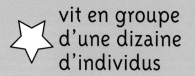 vit en groupe d'une dizaine d'individus

vit en couple

Que fait un hamster sauvage pendant l'hiver ?

 il hiberne

il mange toute la journée

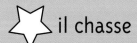 il chasse

il skie

Comment appelle-t-on la perruche qui vit toujours en couple et dont le mâle et la femelle se témoignent beaucoup d'attachement ?

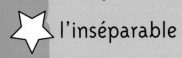 l'inséparable

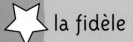 la fidèle

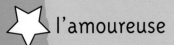 l'amoureuse

Combien d'années vit une perruche en moyenne ?

 1 an

 10 ans

 30 ans

L'écureuil est-il prévoyant ?

 non

oui, il fait des réserves de nourriture qu'il enterre un peu partout

oui, il fait des réserves de nourriture qu'il dépose dans son nid

Quelle est l'espèce la plus commune ?

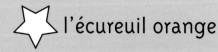 l'écureuil orange

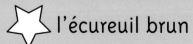 l'écureuil brun

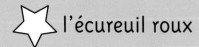 l'écureuil roux

Que fait la tortue quand elle est menacée ?

 elle donne des coups de griffes

 elle s'enfuit

 elle se replie dans sa carapace

🙂 *elle appelle le commissariat de police*

Quelle est la pire situation pour une tortue ?

 se retrouver sur le dos

 être seule pendant plus d'une journée

 être sous un soleil ardent

Chez les poissons rouges, la femelle :

 pond des dizaines d'œufs

 pond des milliers d'œufs

 ne pond pas d'œufs mais donne naissance à des petits déjà formés

De quelle origine est le poisson rouge ?

 chinoise

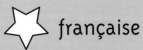 française

 australienne

Pourquoi appelle-t-on cet oiseau un canari ?

★ car il ressemble à un canard qui se tient droit comme un "i"

★ car il est originaire des îles Canaries

★ car en indien "canari" signifie "chanteur exceptionnel"

Que lui procure l'os de seiche qu'on coince entre les barreaux de sa cage ?

★ du calcium pour fabriquer la coquille de ses œufs

★ de l'amusement car il joue avec

★ une substance calmante qui lui permet de dormir plusieurs heures d'affilée

Quelle est la caractéristique principale des taupes ?

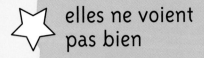 elles ne voient pas bien

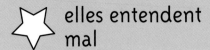 elles entendent mal

elles ne sentent rien

Combien de temps faut-il à la taupe pour creuser un tunnel de 3 mètres ?

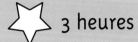 15 minutes

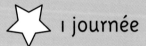 3 heures

1 journée

Comment reconnaît-on un papillon de nuit ?

 il n'existe pas de papillons de nuit

 il a des couleurs ternes

 il a des couleurs vives

on ne le reconnaît pas puisqu'il fait nuit

Combien d'espèces de papillons existe-t-il ?

 1 500

 15 000

 150 000

Pourquoi certains pigeons sont-ils appelés "pigeons voyageurs" ?

★ parce qu'ils adorent voyager
de ville en ville

★ parce qu'ils reviennent à leur nid
quel que soit le lieu où on les lâche

★ parce qu'ils voyagent sans cesse,
sans destination précise

*parce
qu'ils se
font toujours
arnaquer quand
ils voyagent*

Comment appelle-t-on les personnes qui élèvent des pigeons voyageurs ?

★ des colombophiles   ★ des pigeonophiles

★ des voyageophiles

Où se trouvent les yeux de l'escargot ?

 sur sa bouche

 nulle part (il ne peut pas voir)

 à l'extrémité de ses 2 grands tentacules

Quelle est la particularité plutôt étonnante de l'escargot ?

 il est en même temps mâle et femelle

 l'intérieur de sa coquille est recouvert de velours

 il saute s'il se sent menacé

Pourquoi les coccinelles ont-elles toujours des coloris vifs ?

⭐ pour avertir leurs prédateurs de leur goût déplaisant, voire toxique

⭐ parce qu'elles sucent le sang des fourmis

⭐ pour séduire l'autre sexe

Cette "bête à bon Dieu" est-elle aimée des jardiniers et agriculteurs ?

⭐ oui, car elle se nourrit de pucerons (nuisibles pour les plantes)

⭐ non, car elle mange toutes les racines des plantations

⭐ oui, car elle s'attaque souvent aux sauterelles dévastatrices

Comment s'appelle le petit issu du croisement d'un âne et d'une jument ?

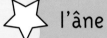 l'âne

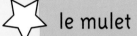 le mulet

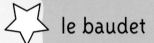 le baudet

Quand on dit de quelqu'un qu'il est un âne, que veut-on dire ?

que c'est une personne ignorante et bornée

que c'est une personne gentille et généreuse

que c'est une personne intelligente mais têtue

Quand le paon déploie-t-il sa majestueuse queue ?

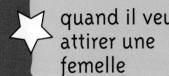 quand il veut attirer une femelle

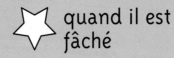 quand il est fâché

quand il vient de se réveiller

D'où le paon bleu que l'on voit dans les parcs est-il originaire ?

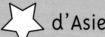 d'Afrique

d'Asie

des États-Unis

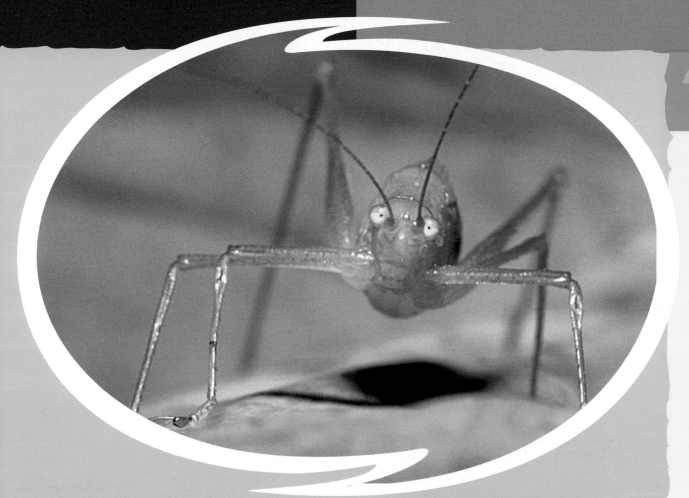

Comment la sauterelle produit-elle son célèbre chant ?

⭐ en frottant ses antennes l'une contre l'autre

⭐ en frottant ses ailes les unes contre les autres

⭐ en grattant avec ses pattes les branches des arbres

Ce chant est généralement émis au moment de la reproduction par :

⭐ le mâle

⭐ la femelle

⭐ le mâle et la femelle

Le poney est-il un animal costaud ?

⭐ oui, il peut tirer 2 fois son poids

⭐ oui, il peut tirer 10 fois son poids

⭐ non, il n'est pas très fort

Qu'est-ce qui différencie un poney d'un cheval ?

⭐ sa taille ne doit pas dépasser 1,50 mètre au garrot (du sol à l'épaule)

⭐ sa taille ne doit pas dépasser 1 mètre

⭐ ce n'est pas une question de taille mais d'espèces différentes

Comment appelle-t-on le petit d'une souris ?

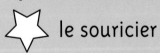 le souricier

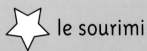 le sourimi

 le souriceau

Comment vivent les souris ?

 en petits groupes, sans aucune hiérarchie

 en petits groupes familiaux dominés par les mâles

 complètement seules

**Qu'annonce le retour
des hirondelles ?**

 l'arrivée de l'été

 l'arrivée du printemps

 l'arrivée de l'automne

Le vol des hirondelles :

 est lent et maladroit

 est rapide et agile

 n'a lieu qu'exceptionnellement

?

Chaque colonie de fourmis comprend au moins une reine. Que fait cette reine ?

☆ elle organise le travail de chacun

☆ elle pond tous les œufs

☆ elle récolte la nourriture pour l'année à venir

Comment s'appellent les autres femelles qui récoltent la nourriture, s'occupent des œufs et des petits et entretiennent la fourmilière ?

☆ les ménagères

☆ les travailleuses

☆ les ouvrières

À quel groupe de petits mammifères le lapin appartient-il ?

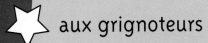 aux grignoteurs 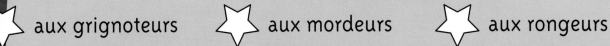 aux mordeurs 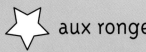 aux rongeurs

Comment le lapin prévient-il les autres d'un danger ?

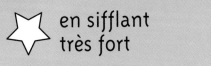 en sifflant très fort

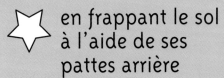 en frappant le sol à l'aide de ses pattes arrière

 en frappant ses oreilles l'une contre l'autre

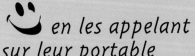 *en les appelant sur leur portable*

Qui se transforme progressivement pour devenir une grenouille ?

 l'asticot

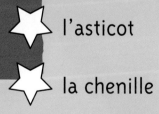 la chenille

 le têtard

Quel est le cri de la grenouille ?

 le coassement

 le grenouillement

 le quincallement

Pour quoi le perroquet est-il très doué ?

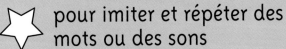 pour imiter et répéter des mots ou des sons

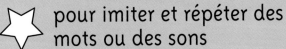 pour changer de couleurs en fonction de ses humeurs

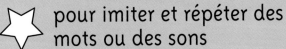 pour voler à très haute altitude

De quoi s'aide un perroquet qui veut grimper à un arbre ?

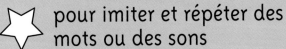 de ses ailes

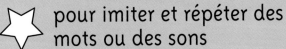 de rien, car il est incapable de grimper

 de son bec dur et fort

?